GIOCHI
DURI

Labirinti Per Adulti

ActivityCrusades

Copyright © 2017 by ActivityCrusades
Tutti i diritti riservati.

Tutti i diritti riservati. Nessuna parte di questo testo può essere riprodotta o utilizzata in qualsiasi modo o forma o mediante qualsiasi mezzo elettronico o meccanico. Ciò significa che non è possibile registrare o fotocopiare alcuna idea o suggerimento contenuti in questo testo.

Pubblicato da Speedy Publishing Canada Limited

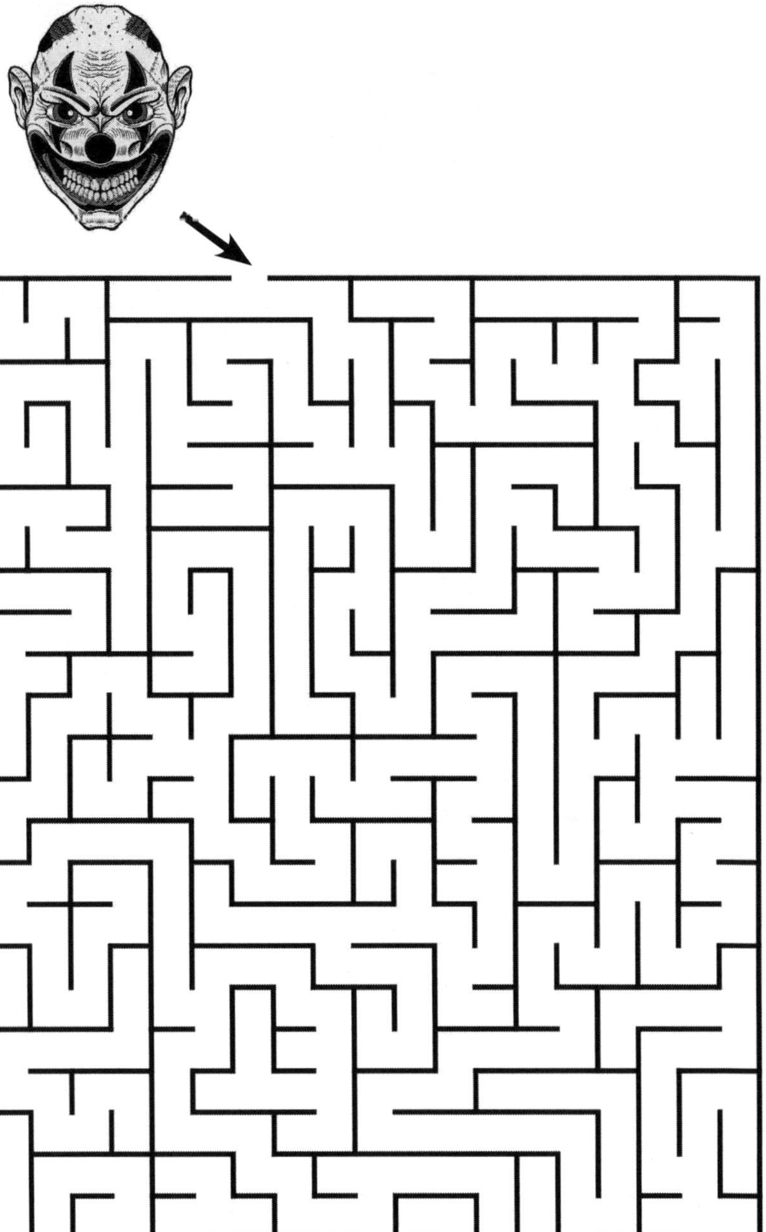

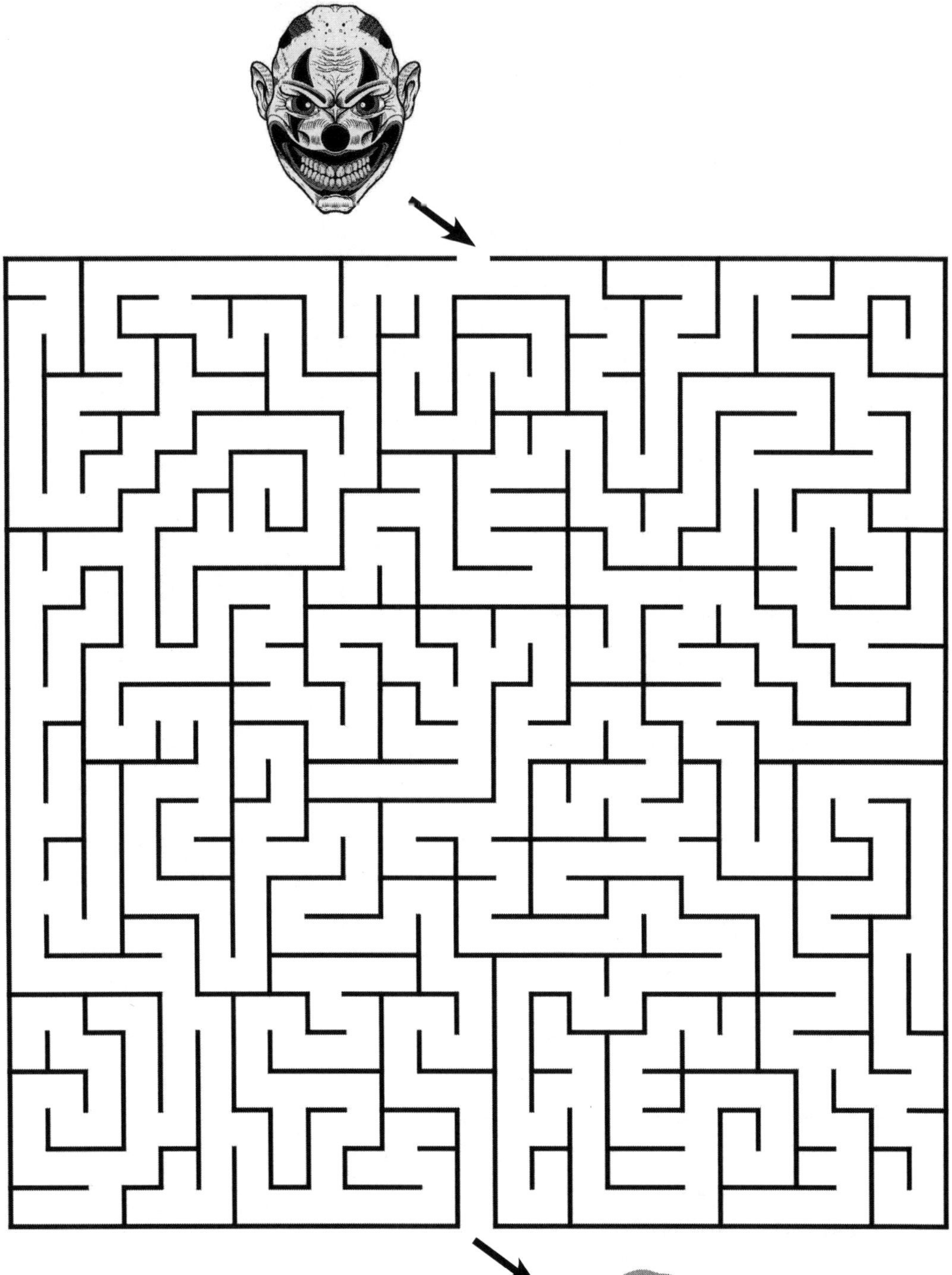

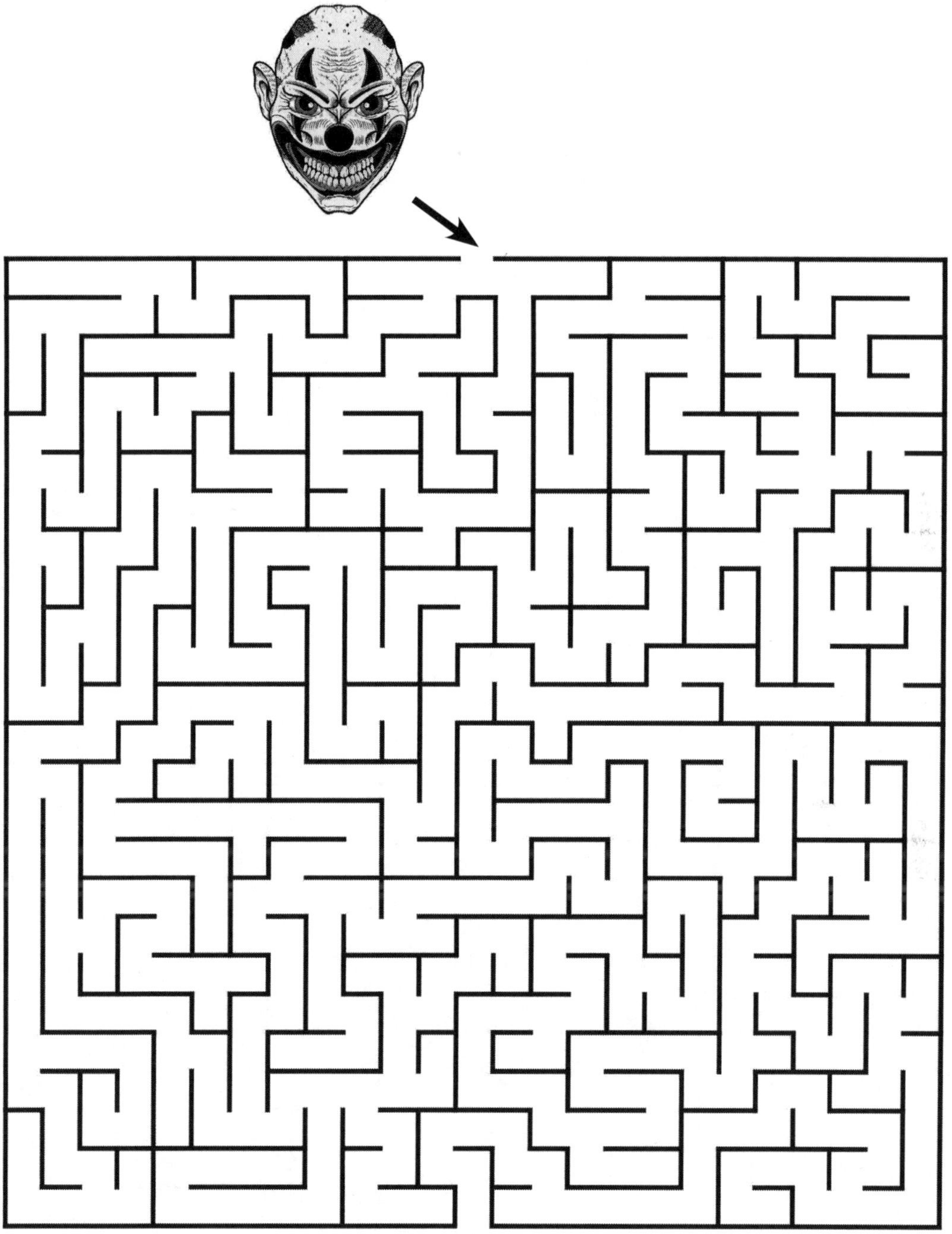

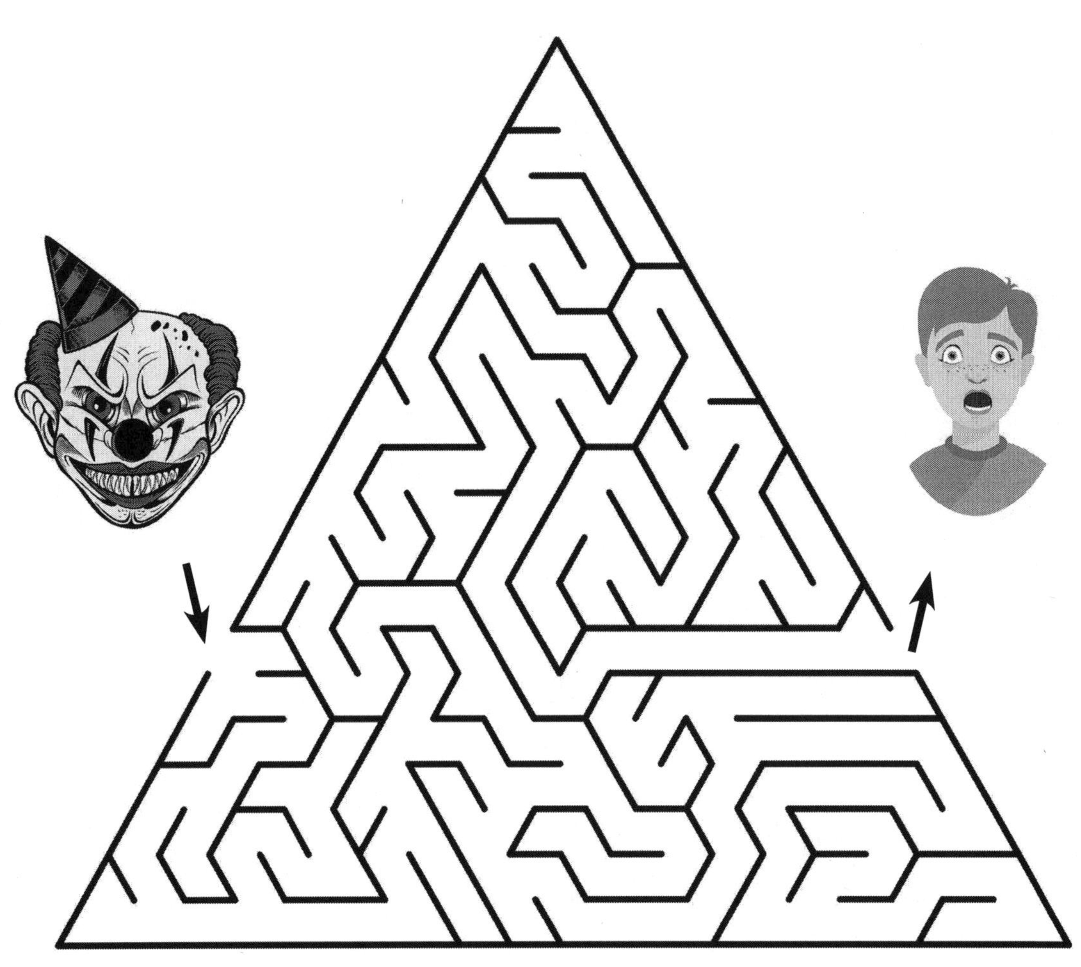

1

2

3

4

5

6

7

8

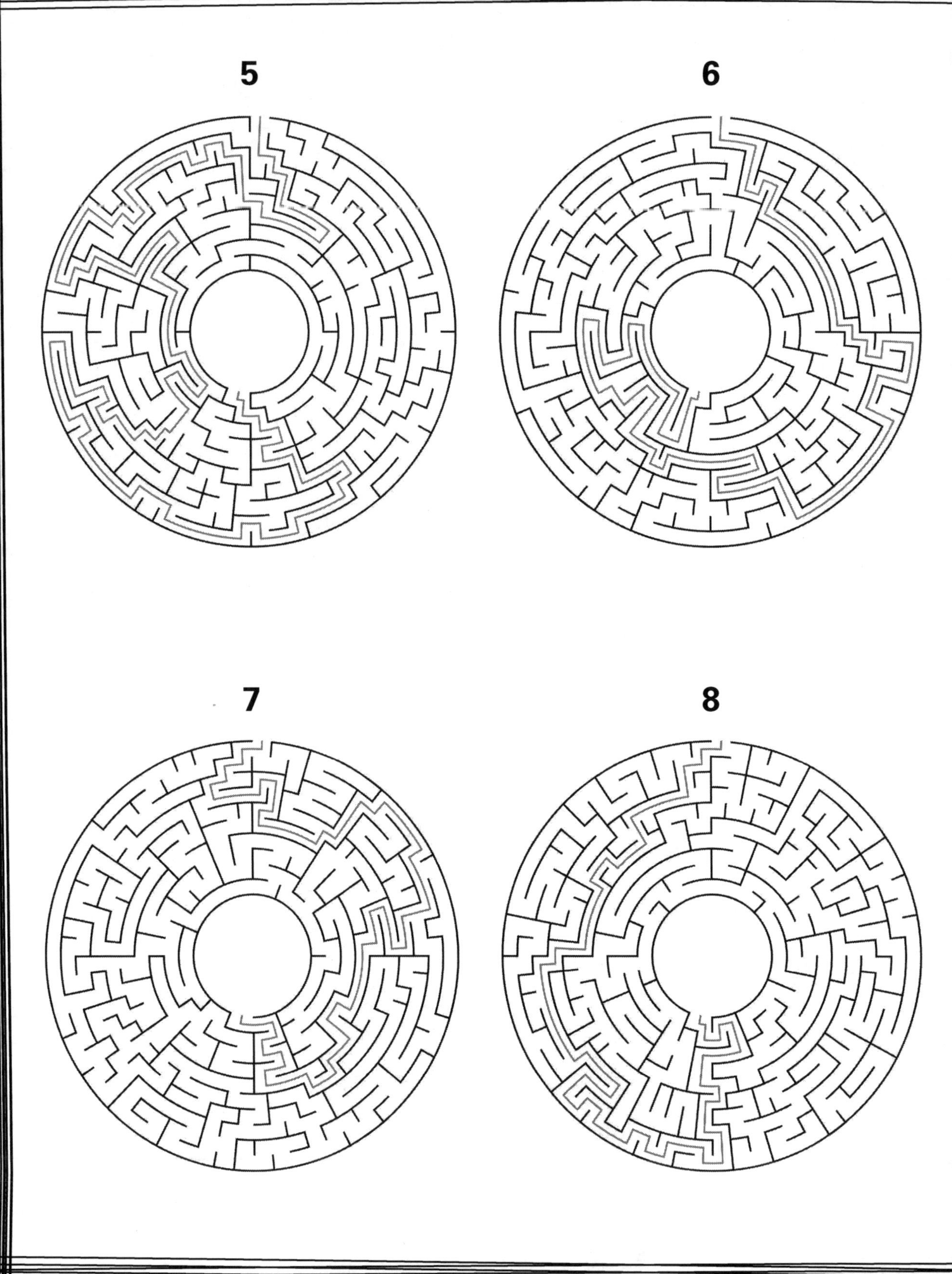

9

10

11

12

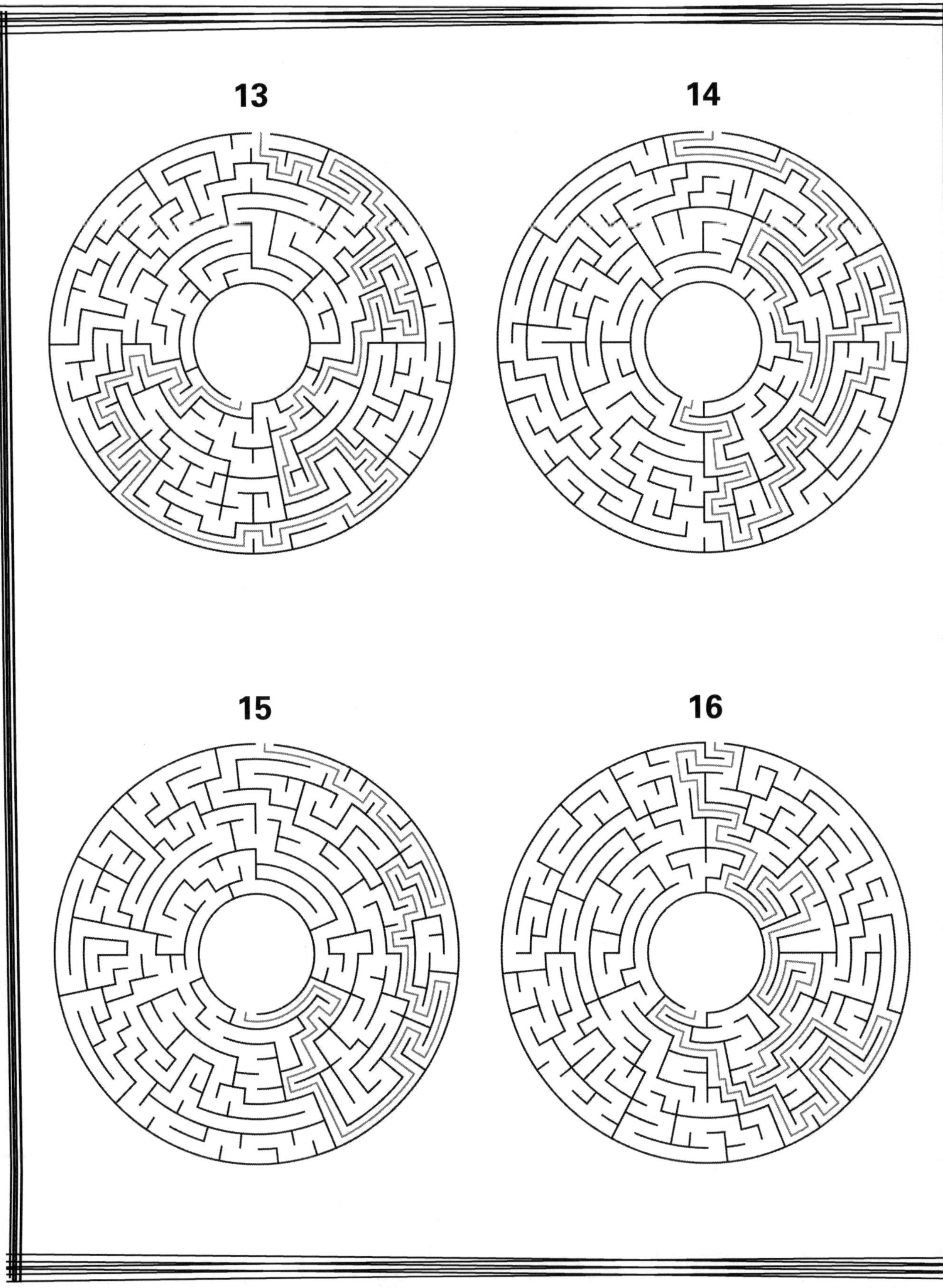

13

14

15

16

17

18

19

20

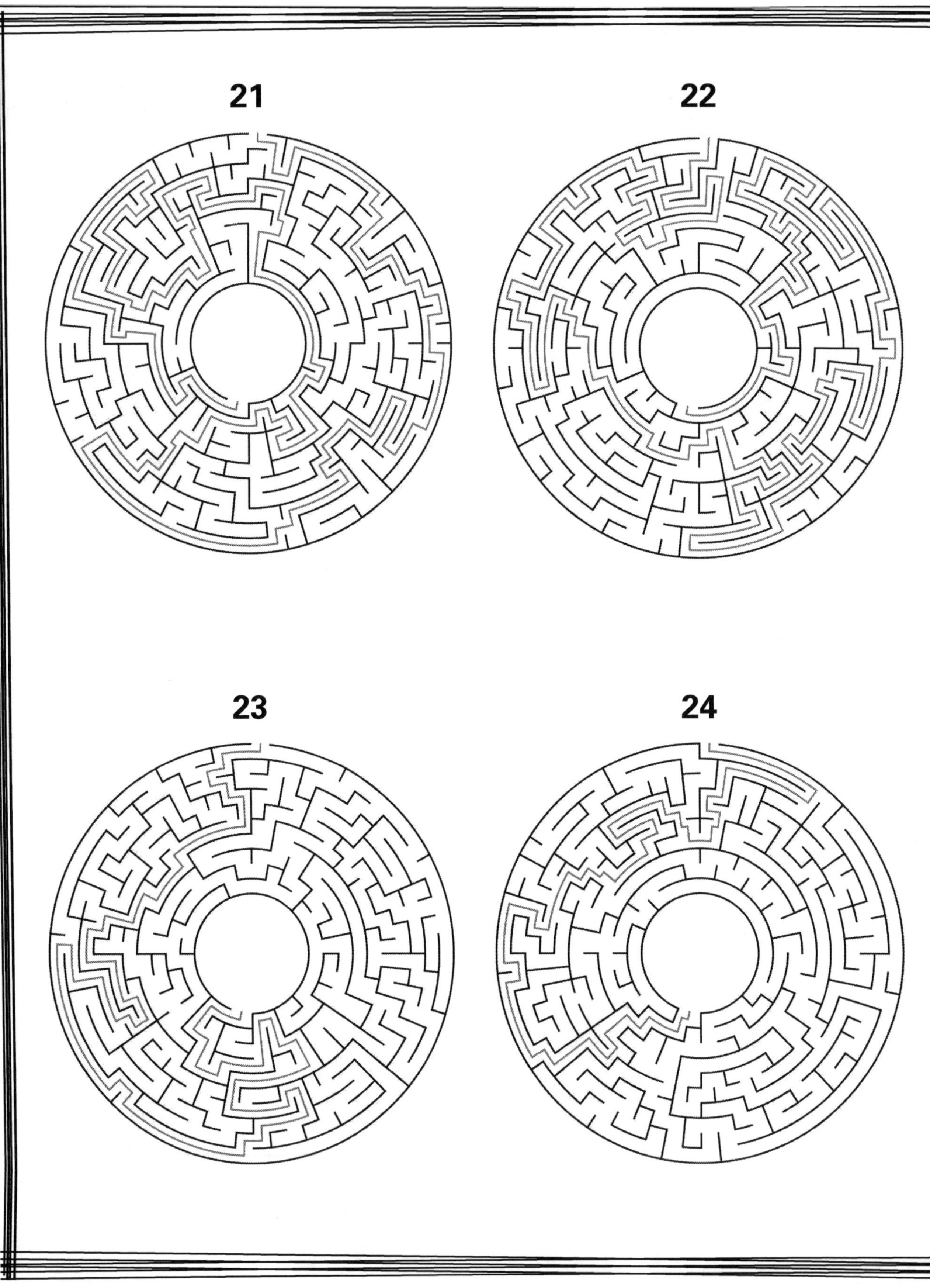

21
22
23
24

25

26

27

28

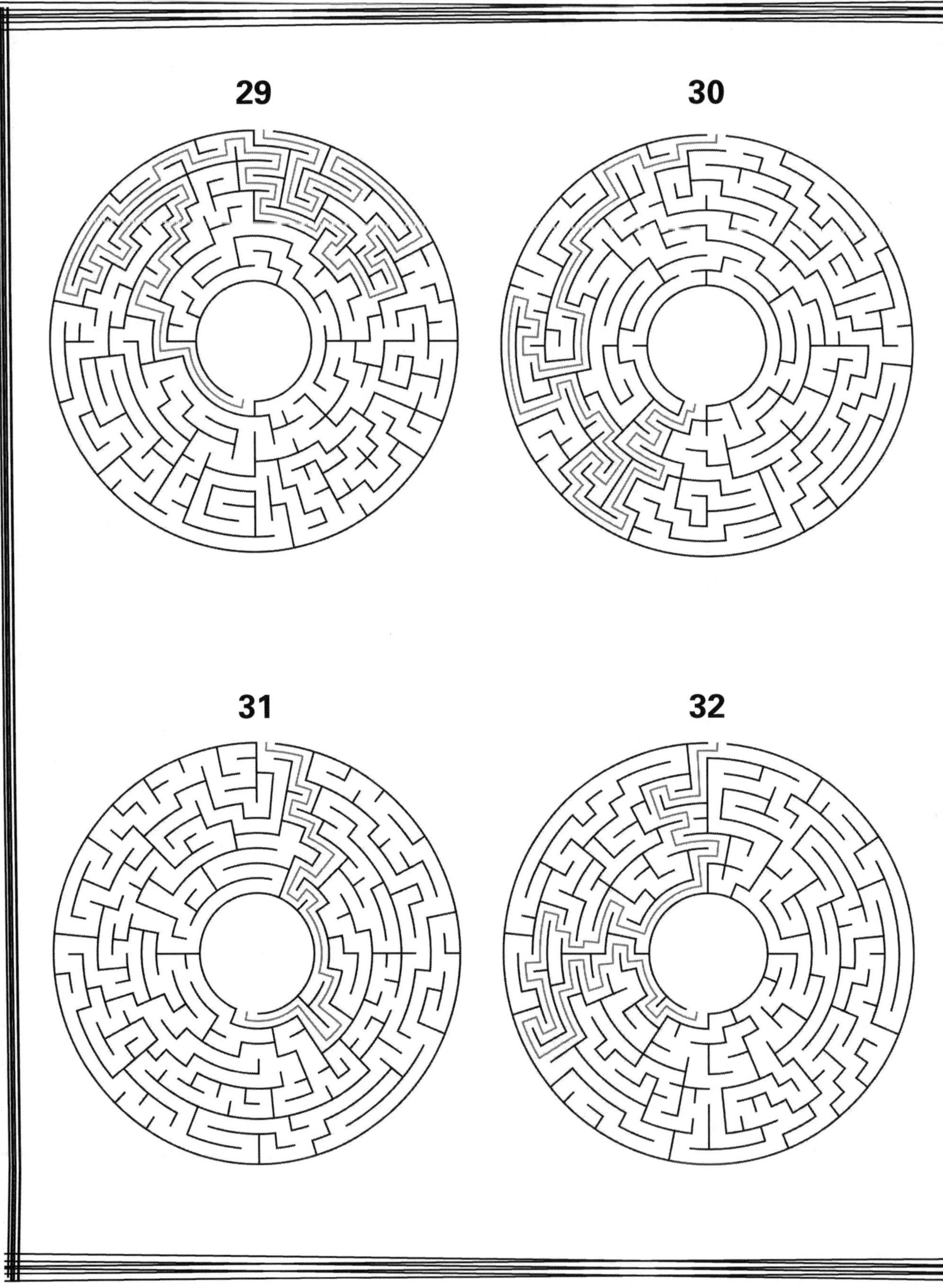

29

30

31

32

33

34

35

36

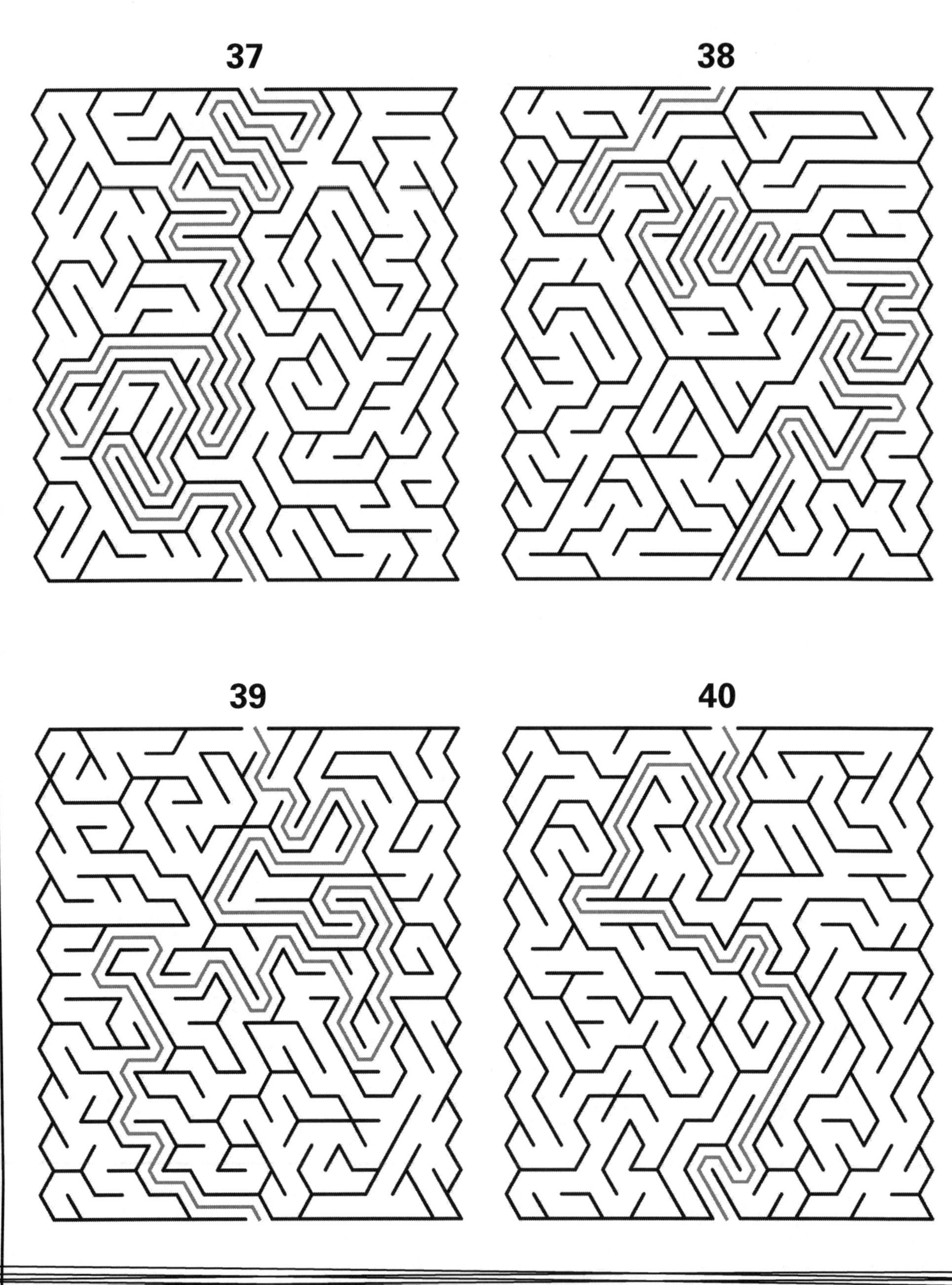

37
38
39
40

41

42

43

44

45
46
47
48

49
50
51
52

53

54

55

56

57

58

59

60

61

62

63

64

65

66

67

68

69

70

71

72

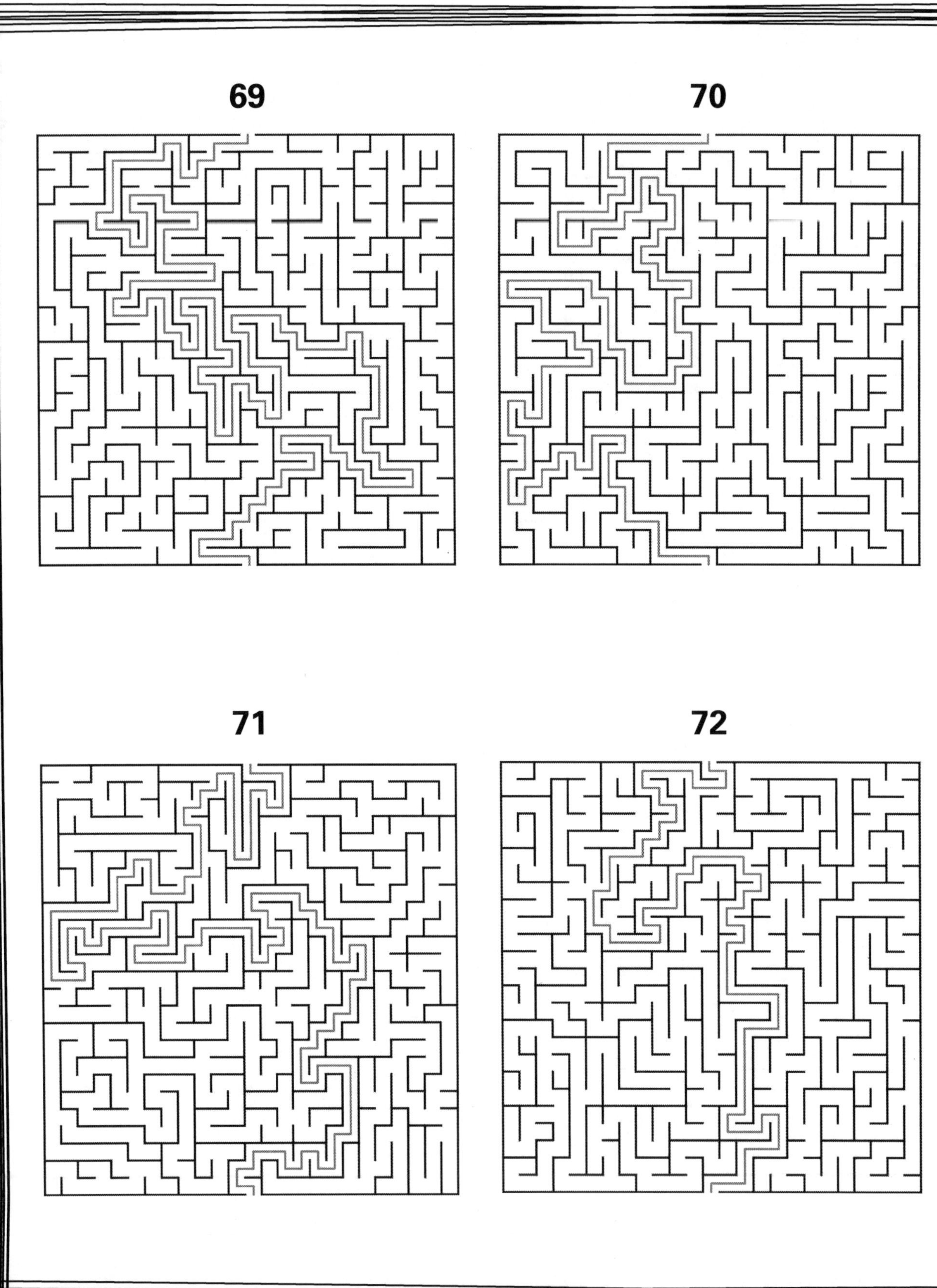

73

74

75

76

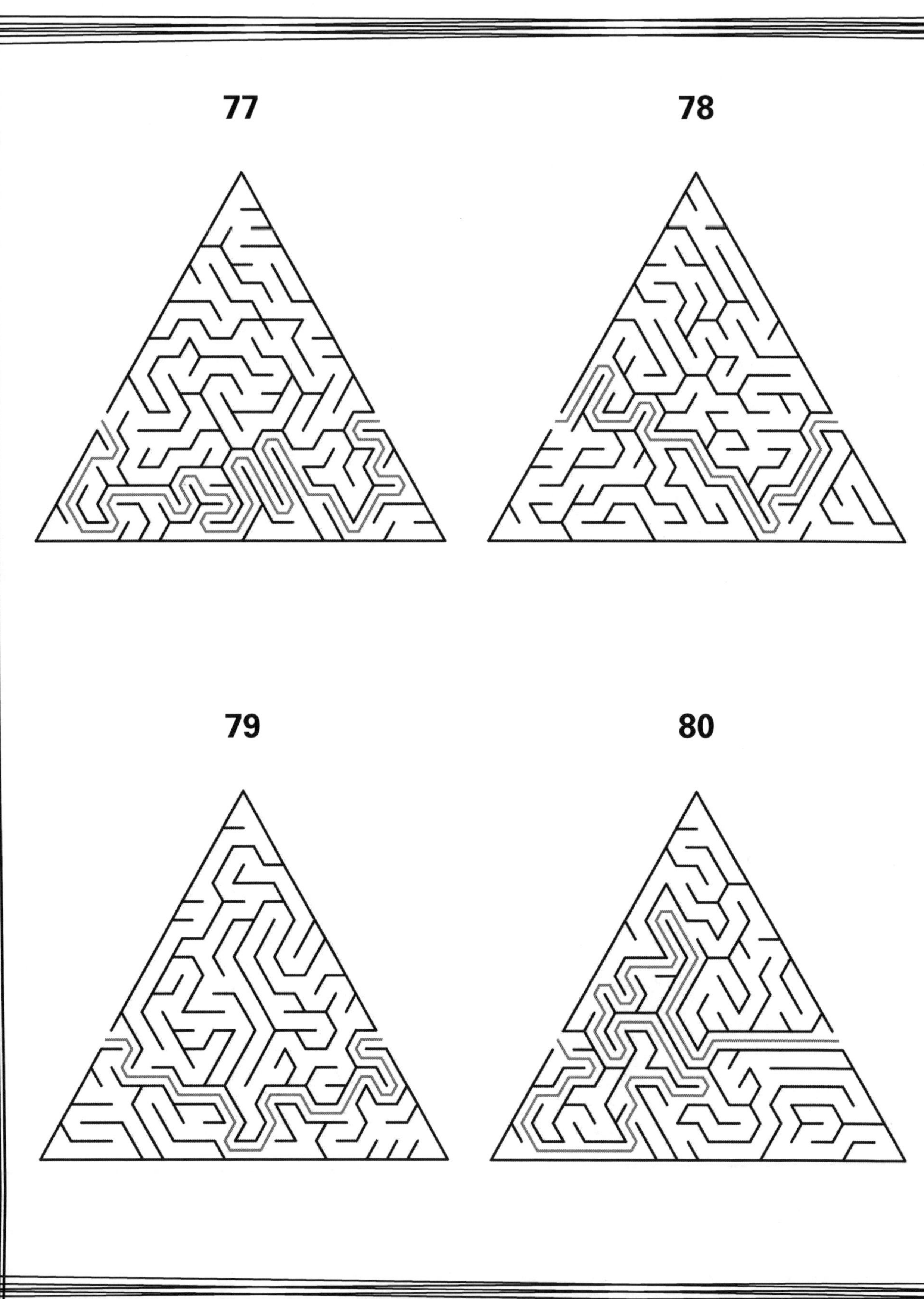

77
78
79
80

81

82